La vie drôle  du père Noël

Textes : **Amberger**   Dessins : **Sampar**

La vie drôle *et secrète* du père Noël

SOULIÈRES ÉDITEUR

C. P. 36563
598, RUE VICTORIA
SAINT-LAMBERT (QUÉBEC)
J4P 3S8

*Soulières éditeur remercie le Conseil des Arts du Canada
et la SODEC de l'aide accordée à son programme
de publication.*

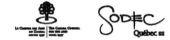

Dépôt légal : 1998
Bibliothèque Nationale du Canada
Bibliothèque Nationale du Québec

Données de catalogage avant publication

Parent, Samuel
La vie drôle et secrète du père Noël
(Mille bulles ; 3)
ISBN 2-922225-18-6

1. Père Noël - Caricatures et dessins humoristiques.
2. Humour par l'image canadien. I. Bergeron, Alain M., 1957. II Titre.
III Collection

NC1449.P376A4 1998   741.5'971   C98-940272-1

58752

LES AUTEURS
Amateur de bandes dessinées et de Noël, Alain M. Bergeron (AMBERGER)
est journaliste à *L'Union* et à *La Nouvelle* de Victoriaville. Il est aussi l'auteur de cinq romans
pour la jeunesse dont *L'éclipse du Temps* et *L'arbre de joie* (à paraître chez Soulières éditeur).

Samuel Parent (SAMPAR) est un jeune illustrateur de talent qui est tombé dans la bande
dessinée quand il était petit. Il fait partie de l'équipe de la revue humoristique *Safarir*.

À Jean-Denis Lamoureux,
le premier qui a osé
dire qu'il croyait au père Noël.

7

11

18 AUBERGER

19

20 AUBERGER   SANFAR

AMBERGER

SAMBR 23

24 AUBERGER   SAMPAR

AMBERGER

-AMBERGER-

-SAMPAR- 27

28

29

32

-AUBERGER GANDAR 33

AMBERGER

SAMPAR 35

Amberger

AMBERGER

SAMAR

39

42

45

46 —AMBERGER—

48 -AMBERGER-

50 -AUBERGER-   -SAMBAR-

52 AMBERGER

SAMPAR

LE FANTASME DES RENNES DU PÈRE NOËL

56

59

64   AMBERGER

65

67

70 AMBERGER

72 -AUBERGER-

AMBERGER

SAMBRR-

73

74 AMBERGER

SAMPAR

Achevé d'imprimer à Boucherville,
sur les presses de Marie-Josée, Nathalie et Marc Veilleux
en octobre 1998